APPEL

AU CONGRÈS

EN FAVEUR

DES ROUMAINS

PAR

EDMOND TEXIER

PARIS

IMPRIMERIE JULES VOISVENEL

RUE DU CROISSANT, 16.

1856

APPEL AU CONGRÈS

EN FAVEUR DES ROUMAINS

I

Le Congrès de Paris est ouvert : le sort des nations se décide sur le tapis de la diplomatie. Nous sera-t-il permis, au moment où les plénipotentiaires sont réunis, d'appeler l'attention sur un pays ami qui fut le premier théâtre de la lutte, sur les Principautés danubiennes?

La Valachie et la Moldavie ne sont, comme on sait, qu'un démembrement de l'ancienne Dacie romaine. La Dacie comprenait, outre ces deux glorieuses provinces, la Transylvanie, le banat de Temeswar, la Bukovine, livrés à l'Autriche, et la Bessarabie, confisquée par la Russie. Les Principautés danubiennes d'aujourd'hui se trouvent donc resserrées entre le Danube, le Pruth et les monts Krapachs. La Valachie est séparée de la Moldavie par le cours du Milkov, qui descend des monts Krapachs, et par le cours du Sereth, qui se jette dans le Danube. Depuis le traité de Buccharest, la Moldavie démembrée n'offre plus qu'une langue de terre de quatre-vingt-dix lieues de longueur, resserrée entre le Sereth et le Pruth ; quant à la Valachie, elle présente la forme d'un demi-cercle dont le Danube est l'arc et les monts Krapachs la corde; sa plus grande longueur est d'environ cent vingt lieues sur soixante de largeur. La Valachie et la Moldavie sont deux provinces fertiles ; de vastes plaines, des collines, ornées d'une riche végétation, qui s'élèvent insensiblement en montagnes, tel est l'aspect général de ce pays, depuis si longtemps en butte à la convoitise de ses deux ambitieux voisins, la Russie et l'Autriche.

II

Nous ne pouvons faire ici l'histoire des Roumains, disons cependant que depuis des siècles cette histoire est un long martyrologue. Le cœur le plus dur serait ému au récit de toutes les souffrances endurées par ce peuple, notre frère, par sa double origine romaine et celtique. Bien que placés sous la domination de différentes puissances, les Roumains n'en sont pas moins un des peuples les plus homogènes de l'Europe. Ils parlent tous la même langue, ils adorent le même Dieu, ils ont les mêmes traditions, les mêmes aspirations, et leurs cœurs à tous battent à l'unisson avec celui de la France, leur sœur aînée, qui, marchant à la tête de la race latine, est par eux considérée comme leur protectrice naturelle.

Ils habitent un des pays les plus riches de l'Europe, et forment une population agricole et guerrière. Quant à leur position géographique, elle est très-importante. Les Roumains sont les propriétaires des embouchures du Danube. Leur mission est de représenter en Orient, comme élément latin, la civilisation occidentale, et leur rôle politique est de séparer les Slaves du Midi des Slaves du Nord, et de les empêcher de devenir ainsi, au nom du panslavisme, une masse compacte dangereuse pour l'Europe. La Roumanie doit être, dans le sud-est de l'Europe, ce qu'est l'Italie dans le sud-ouest, c'est-à-dire un élément à l'aide duquel la France puisse tenir en échec toute puissance qui chercherait à nuire à ses intérêts en détruisant l'équilibre européen.

III

Au moment où les plénipotentiaires des grandes puissances sont réunis à Paris pour résoudre la question d'Orient, et lorsqu'à ce Congrès, comme l'année précédente aux Conférences de Vienne, les Roumains n'ont pas été mis à même d'exprimer leurs besoins et leurs vœux, il importe de rappeler que la situation qui sera faite aux Principautés aura une grande influence sur la tranquillité en Orient et sur la durée de la paix.

IV

Et d'abord, les deux Principautés roumaines, la Moldavie et la Valachie, ne sont pas, comme on le croit généralement en France, un pays conquis. Lorsqu'au quatorzième et au quinzième siècles les populations grecques et slaves tombèrent sous le cimeterre des Ottomans, les Roumains des deux Principautés, épuisés de luttes, et voulant d'ailleurs s'assurer une protection contre les Hongrois et les Polonais, traitèrent de gré à gré avec la Porte et reconnurent sa suzeraineté. Le document suivant établit d'une façon incontestable l'indépendance des Roumains :

TRADUCTION DU HATTI-HUMAJUN DU SULTAN BAJAZET.

An de J.-C. 1392.

Art. 1er. Par notre grande clémence, nous consentons que la Principauté nouvellement soumise par notre force invincible se gouverne d'après ses propres lois, et que le prince de Valachie ait le droit de faire la guerre et la paix, et celui de vie et de mort sur ses sujets.

Art. 2. Tous les chrétiens qui, ayant embrassé la religion de Mahomet, passeront ensuite des contrées soumises à notre puissance en Valachie et y deviendraient de nouveau chrétiens ne pourront être nullement réclamés et attaqués.

Art. 3. Tous ceux des Valaques qui iraient dans quelque partie de nos possessions, seront exempts du haratche, et de toute autre contribution.

Art. 4. Les princes chrétiens seront élus par le métropolitain et les boyards.

Art. 5. Mais à cause de cette haute clémence, parce que nous avons inscrit ce prince dans la liste de nos autres sujets, il sera aussi, lui, tenu de payer par an à notre trésor impérial trois mille piastres rouges du pays, ou cinq cents piastres d'argent de notre monnaie (1).

Ainsi, en vertu de ces capitulations consenties par la

(1) Voici, en outre, la traduction de la capitulation signée par Mahomet II, en 1460, en faveur des Valaques :

Art. 1er. Le sultan consent et s'engage, pour lui-même et ses successeurs, à protéger la Valachie, et à la défendre contre tout ennemi, sans exiger autre chose que la suprématie sur la souveraineté de cette Principauté, dont les voïvodes seront tenus de payer à la Sublime-Porte un tribut de dix mille piastres.

Art. 2. La Sublime-Porte n'aura aucune ingérance dans l'administration locale de ladite Principauté, et il ne sera permis à aucun Turc d'aller en Valachie sans un motif ostensible.

Art. 3. Chaque année, un officier de la Sublime-Porte se rendra en Valachie pour recevoir le tribut, et sera accompagné, à son retour, par un officier du voïvode jusqu'à Giurgewo, sur le Danube, où l'on comptera encore la somme remise, et l'on en donnera un second reçu : et lorsqu'elle aura été transportée de l'autre côté du Danube, la Valachie ne sera plus responsable, quelque accident qui puisse arriver.

Art. 4. Les voïvodes continueront d'être élus par l'archevêque, les évêques et les boyards, et l'élection sera reconnue par la Porte.

Art. 5. La nation valaque continuera de jouir du libre exercice de ses propres lois, et les voïvodes auront le droit de vie et de mort sur leurs sujets, comme celui de faire la paix ou la guerre, sans être soumis, pour aucun de ces actes, à aucune responsabilité envers la Sublime-Porte.

Art. 6. Tous les chrétiens qui, ayant une fois embrassé la foi musulmane, se rendraient en Valachie, et reviendraient à la religion chrétienne, ne pourront être réclamés par aucune autorité ottomane.

Art. 7. Les sujets valaques qui auraient occasion d'aller

Turquie au moment de sa plus grande puissance, les Principautés continuèrent à jouir d'une administration intérieure libre et indépendante; elles conservèrent le droit d'élire leurs princes et de se donner les lois qui leur convenaient. La Porte ne devait exercer aucune ingérance dans leurs affaires ; c'est à cette con-

dans quelques parties que ce soit des possessions ottomanes ne pourront être forcés à payer le haratche, ou la taxe de capitation à laquelle sont soumis les rayas.

Art. 8. Si quelque Turc a un procès en Valachie, avec un sujet de ce pays, sa cause sera entendue et jugée par le divan valaque, conformément aux lois locales.

Art. 9. Tous les marchands turcs, se rendant dans cette Principauté pour y acheter ou vendre des marchandises, devront faire connaître aux autorités locales le temps qu'ils doivent y séjourner, et devront partir lorsque ce temps sera expiré.

Art. 10. Aucun Ottoman n'est autorisé à emmener avec lui un ou plusieurs domestiques natifs de Valachie, de quelque sexe que ce soit; et aucune mosquée musulmane n'existera jamais dans aucune partie du territoire valaque.

Art. 11. La Sublime-Porte promet de ne jamais délivrer un firman à la requête d'un sujet valaque pour ses affaires en Valachie, de quelque nature qu'elles puissent être, et de ne jamais s'arroger le droit d'appeler à Constantinople, ou dans aucune autre partie des possessions ottomanes, un sujet valaque, sous quelque prétexte que ce puisse être.

Pour la Moldavie, son prince Bogdan, fils d'Etienne le Grand, envoya, en 1513, son chancelier Teutu à Constantinople, pour offrir de la part du peuple la Moldavie au Sultan, à des conditions honorables, et cette Principauté devint un fief de l'Empire ottoman, à la condition qu'elle conserverait sa religion, ses lois et ses principes électifs. La Moldavie s'engagea à payer annuellement à la Porte quatre mille écus d'or, et à envoyer au Sultan quarante cavales et vingt-quatre faucons, le tout à titre de présent; c'est par abus plus tard qu'on l'a obligée à un tribut.

dition expresse que les Roumains déposèrent les armes.

En 1699, lorsque les embassadeurs Polonais à Carlowitz demandèrent la cession de la Modalvie, ils reçurent pour réponse que le Sultan n'était pas en droit de céder cette Principauté à qui que ce soit parce qu'elle s'était soumise à l'Empire de son plein gré, et parce qu'elle n'avait pas été conquise par le sabre. Cette réponse et la pièce qui précède prouvent surabondamment que la Turquie n'avait aucun droit de céder plus tard la Bukovine à l'Autriche et la Bessarabie à la Russie ; la cession de la Bessarabie est donc un acte illégal et nul d'après le droit public.

Toutes les fois que depuis la signature de ce traité la Porte à voulu violer le contrat, les Roumains se sont révoltés, et c'est à l'occasion de ces dissentiments que la Russie à pu se glisser entre les Roumains et les Turcs, et s'ingérer dans les affaires des Principautés au détriment de ceux-ci et de ceux-là.

V

Ce ne sont pas les baïonnettes qui constituent en Orient la principale force de la Russie, c'est sa propagande active et incessante. La Russie est parvenue à persuader aux Grecs et aux Slaves qu'elle prodigue son sang et ses trésors pour leur religion, leur nationalité et leur indépendance. Le but de la guerre entreprise par les puissances occidentales a été de diminuer les forces de ce colossal Empire, mais ce but ne sera jamais atteint si on lui fournit les moyens d'agir sur la crédulité de ces populations. La foi des Serviens et des Bulgares dans la Russie sera pour elle une forteresse bien plus puissante que les murs démolis de Sébastopol, et des moyens d'attaque bien plus efficaces que ces vaisseaux submergés dans la mer Noire, ces vaisseaux dont elle ne se servait que pour menacer, jamais pour attaquer.

VI

Qu'a-t-on fait jusqu'à ce jour pour diminuer cette foi dans la Russie ? Rien. Les vigoureuses tentatives des Roumains n'ont servi qu'à la raffermir dans l'esprit des populations bulgares et serviennes. Toujours et partout les Roumains ont élevé la voix contre la violation des droits nationaux, en 1776 contre la prise de la Bukovine, contre le démembrement de 1812, contre le règlement de 1831, contre le firman-ukase de 1838, qui violait leur législation, contre le sened de Balta-Liman, et contre l'invasion de 1853. Et pourtant ce sont les Roumains qui ont été les premiers délaissés depuis le commencement de la guerre.

Qu'elle ardeur patriotique n'a-t-il pas fallu aux Roumains pour repousser la force de la Russie et déjouer son astuce. La Russie a mis tout en œuvre pour faire trébucher les Principautés dans le piége tendu aux Grecs et aux Slaves, elle a été jusqu'à promettre aux Moldo-

Valaques la constitution d'un royaume Daco-Romain indépendant. Devant ces promesses et ces démonstrations de la Russie, les Serviens et les Bulgares ne comprenaient plus rien à l'opiniâtre résistance des Roumains. « Comment ! leur disaient-ils, la Russie vous a délivré de l'oppression musulmane, la Russie veut vous rendre vos anciens droits d'autonomie méconnus par les Turcs et par l'Europe entière, et vous la payez encore d'ingratitude? Aussi qu'arrive-t-il, c'est qu'aujourd'hui que l'Occident a tiré l'épée contre le czar, vous êtes les seuls qui soyez envahis, spoliés et opprimés, les seuls qui ayez perdus les droits que la sainte Russie vous avait assurés. »

La foi des Serviens et des Bulgares en la justice et la protection de la Russie sera bien plus grande encore si, après tout ce que les Roumains ont souffert, ils n'obtiennent pas dans le Congrès de Paris des réformes bien plus efficaces, et bien plus importantes, que toutes celles qu'ils n'ont dues jusqu'ici qu'à la seule intervention de la Russie.

VII

Est-ce là ce que veulent les cabinets? Si au contraire l'intérêt bien entendu des puissances occidentales leur conseille d'adopter une voie différente de celle qu'ils ont suivie jusqu'à ce jour, à l'égard des Principautés, il faut se presser d'agir. Il faut rendre les Principautés à leur propre action pour tout ce qui concerne leurs libertés intérieures, de sorte que la faculté de se donner des lois ne soit plus pour elles un mensonge.

Tant que les droits politiques ont continué à être exercés sans restriction en Valachie et en Moldavie, tant que l'ancienne loi du pays a été vivante, l'influence étrangère n'a pu s'y glisser. Anciennement, les assemblées législatives du pays représentaient toutes les classes de la population, et les princes phanariotes eux-mêmes, qui régnaient presque sans contrôle, ne pouvaient faire aucun changement constitutionnel sans convoquer les états généraux. Le gouvernement avait donc toute puissance pour conserver les lois traditionnelles, mais il lui était impossible de rien innover sans l'assentiment général du pays.

Cet état de choses ne pouvait convenir à la Russie ; elle voulait un gouvernement faible et qui pût cependant modifier les lois fondamentales sans l'assentiment de la nation. Elle y parvint en dotant les Principautés d'assemblées permanentes qui, sous une ombre d'indépendance, faussèrent complétement le principe de la représentation nationale.

En effet, sur trois millions d'habitants que compte la Valachie, il n'y a guère plus de trois mille électeurs, et dans ce nombre il faut compter soixante et dix familles à part, qui constituent ce qu'on appelle les *grands boyards ;* or, sur les quarante-deux députés dont se compose l'assemblée, vingt doivent être élus par les grands boyards, et pris parmi eux.

Trois siégent à vie, comme évêques diocésains, et ce

sont encore les grands boyards qui leur confèrent cette dignité.

Voilà donc vingt-trois membres, c'est-à-dire, tout juste la majorité de l'assemblée, qui ne représentent en somme que soixante et dix familles.

Quant aux dix-neuf autres, ils doivent être pris parmi les petits boyards, et élus dans les départements par les trois mille électeurs qui constituent la masse de la noblesse inférieure.

Les conséquences politiques d'une telle combinaison sont manifestes. Il est évident que dans un pays où la majorité de l'assemblée nationale ne représente que soixante et dix familles dont les prétentions dépassent de beaucoup l'influence et le crédit ; dans un pays où le personnel varie continuellement, aussi bien dans l'administration que dans la justice elle-même, et où l'on a, par conséquent, toujours une destitution à craindre ou une place à espérer, dans un tel pays la majorité de la représentation sera toujours acquise au pouvoir. Si le prince est gagné par la Russie, il pourra faire passer les lois les plus attentatoires aux libertés publiques ; si, au contraire, il montre quelques velléités d'indépendance, il est facile à la Russie de lui susciter des embarras. Pour cela, elle n'aura à agir que sur soixante et dix familles, que rien n'attache aux institutions nationales, ni le patriotisme, ni les liens de l'hérédité.

Dans l'administration et l'économie publique, les conséquences ne sont pas moins désastreuses. Les trois mille électeurs constituent dans le pays une caste de fonctionnaires indifférents au bien général, et habitués à vivre moins de leurs émoluments que des abus et des prévarications qu'ils peuvent toujours commettre impunément. Qui, en effet, pourrait punir ou songer à réprimer les abus dans un pays où les mêmes hommes sont tour à tour prévaricateurs, juges et législateurs ?

Ces hommes ne participant en rien aux charges de l'État, n'ont aucun souci d'empêcher la dilapidation des deniers publics. Ils se montrent, au contraire, toujours empressés de voter les plus folles dépenses pour la moindre promesse qui leur est faite.

De plus, comme ils représentent la propriété foncière, il est bien entendu que ce ne sera pas la terre qui sera imposée, mais le cultivateur. Celui-ci doit acquitter non-seulement la capitation et les autres impôts de l'État, mais il est encore écrasé par les corvées qu'il doit au propriétaire en vertu des lois faites par ces seuls propriétaires. Si du moins le commerce et l'industrie avaient une voix dans l'assemblée, cette voix plaiderait en faveur du droit et de l'équité, et peut-être réussirait-elle à mettre un terme à l'exploitation du paysan par le propriétaire ; mais les négociants les plus opulents sont eux-mêmes dépourvus de tout droit politique, et le commerce n'est pas mieux traité que l'agriculture. Il est même frappé de stérilité, et le crédit anéanti par suite de la vénalité des juges , et par l'abus que les boyards font du privilége législatif pour protéger leur caste contre tout recours judiciaire.

En résumé, le règlement organique, œuvre de quelques boyards choisis par la Russie, n'a eu en vue ni les intérêts du pays ni même ceux des trois mille boyadrs qu'il a constitués en pays légal ; car si les paysans ont été asservis aux boyards propriétaires, qui seuls décrètent la loi des corvées sans aucun contrôle, les boyards à leur tour ont été asservis au prince ; on en a fait une armée de fonctionnaires et de solliciteurs dont le prince fait ce qu'il veut, pouvant destituer, promettre ou donner, prendre un juge pour en faire un administrateur; puis, quand celui-ci a commis des abus qui restent impunis, pouvant le faire de nouveau juge pour dispenser à son tour l'impunité.

Enfin le prince a été lui-même asservi à la Russie, qui, par le moyen des soixante et dix boyards placés au sommet de cette hiérarchie bureaucratique, peut à tout moment lui susciter une opposition de chicane dans l'assemblée nationale, et se servir des mécontents pour le renverser, comme elle s'est servie de lui pour asservir les boyards et le pays.

Ainsi donc, impuissance de faire le bien, incapacité d'arrêter le mal. Voilà ce qui est au fond du règlement organique. La nation seule, si elle est rendue à sa propre action, peut mettre un terme à cet épouvantable état de choses.

VIII

Les hospodars actuels n'ont rien fait pour répondre

aux vœux des populations. Leur situation d'ailleurs les lie pour le bien et ne leur permet que le mal. Un hospodar est un pacha qui, parvenu pauvre au sommet de l'administration, se retire gorgé de millions. L'hospodar actuel de Valachie, le prince Stirbey, a été, est et sera toujours l'âme damnée des Russes. Le consul général de France à Bucharest, M. Eugène Poujade, a eu en mains les preuves que Stirbey avait été officiellement informé, dès le mois de novembre 1852, de l'intention de la Russie d'occuper les Principautés. Stirbey ne fit aucune communication ni à la Porte ni aux représentants des puissances occidentales. Au commencement du mois de juin 1853, Stirbey reçut la même communication de la part du consul russe ; mais il garda le même silence. Lorsque les Russes passèrent le Pruth, Stirbey fut prié par les consuls de se mettre à la tête de l'armée des provinces et de se replier sur le camp d'Omer-Pacha ; mais l'hospodar préféra livrer sa petite armée à la Russie, qui s'empressa de désarmer les soldats roumains. La Porte donna ensuite l'ordre à Stirbey de se retirer, mais il refusa, et quand finalement et pour la forme il se décida à partir, il alla à Vienne et non à Constantinople, et là il reçut de la Russie une forte somme d'argent pour faire figure dans la capitale de l'Autriche.

Tel est le personnage dont la réintégration par l'Autriche, avec l'assentiment du divan, a soulevé l'indignation des Valaques, et dont le retour à Bucharest fut signalé par des troubles qui ne furent réprimés que par les baïonnettes de l'Autriche.

Quant à l'hospodar de Moldavie, le prince Ghika, qui fait chanter ses louanges par tous les plumitifs à gages, il ne vaut pas mieux, disons-le tout de suite, que le prince Stirbey. S'il n'a pas montré la rapacité de Stirbey, en se faisant payer chaque fonction, il n'a pas moins vidé les caisses publiques, et la cupidité de ses fils, de ses gendres et de ses cousins a dépassé, si cela est possible, celle des parents du prince Stirbey.

En ce qui concerne la conduite politique des deux princes, Ghika a souvent servi de modèle et d'instigateur à Stirbey. Et pourtant celui-ci a une réputation méritée; on sait qu'il est le très-humble serviteur de la Russie et de l'Autriche, tandis que l'opinion publique trompée s'obstine à voir dans Ghika un homme faible, mais animé de bonnes intentions.

Lorsqu'en 1853 l'entrée des Russes dans les Principautés fut décidée, Stirbey dépêcha son gendre Plaïano à Ghika pour se concerter avec lui, et pour toute réponse Ghika signa, trois semaines avant l'entrée des Russes, une convention avec Halcinski relative à l'approvisionnement de l'armée russe. Le prince Ghika avait livré un mois à l'avance au consul russe la statistique de la Moldavie. Avant que les Russes eussent passé le Pruth, Ghika avait envoyé des députés moldaves jusqu'à Kisnow. Les proclamations de Gortschakoff furent imprimées à Jassy une semaine avant l'entrée de ce général russe. Toujours par l'ordre de Ghika, ces proclamations furent cachetées et expédiées aux préfets et aux sous-préfets avec recommandation de ne les ouvrir que tel jour, c'est-à-dire le jour de l'entrée des armées moscovites connu et arrêté d'avance. Et cependant la plupart des journaux, trompés par les agents de Ghika, ont dit que l'hospodar de Moldavie avait protesté contre l'entrée des Russes, comme son ancêtre Grégoire Ghika protesta jadis contre la concession de la Bukovine.

Ces mêmes journaux ont dit et répété que la conduite du prince Ghika à l'égard des Autrichiens avait été digne ; or, voici ce qui se passait il y a quelques mois.

Vers la fin de novembre, le *Times* publiait un article sur les excès commis par les troupes autrichiennes en Moldavie ; le journal anglais ajoutait qu'il tenait tous les détails publiés par lui du secrétaire même du prince, M. Grenier. Le comte Paar, en lisant cet article, se rendit en uniforme et accompagné de l'agent autrichien chez le prince pour lui demander des explications.

Le prince Ghika s'empressa de lui donner un écrit dans lequel il protestait non-seulement contre ces prétendues calomnies, mais où il disait textuellement : « Si même quelquefois et *très-rarement* quelques rixes, suite inévitable de toute occupation militaire, ont eu lieu entre des soldats autrichiens et des habitants, je me fais un devoir de déclarer que j'ai trouvé auprès de MM. les généraux et chefs de corps tout l'empressement et toute la bonne volonté à punir immédiatement et avec la plus grande sévérité les fauteurs de ces désordres, qui ne sauraient en aucune manière atteindre la réputation de discipline exemplaire des armées de S. M. l'empereur d'Autriche. »

Cette déclaration fut immédiatement envoyée à Vienne.

L'ouverture des Conférences à Vienne fut une occasion favorable pour les Roumains de faire connaître à l'Europe leurs aspirations et leurs besoins. Alors plus que jamais il était du devoir du Prince Ghika de s'entendre avec la nation afin qu'elle pût se présenter unie devant l'Europe; mais Ghika ne le voulut pas, et lorsque le métropolitain et un grand nombre de boyards le supplièrent d'envoyer à Vienne une députation élue par la nation, il entra en fureur et les menaça de l'exil, et il leur montra enfin une lettre par laquelle le grand vizir lui laissait la liberté de désigner un des trois boyards, nommés par la Porte, pour servir *comme informateur auprès d'Ali-Pacha*. Pour cette concession des droits du pays, la Porte à donné à Ghika comme gratification ce qui ne lui appartenait d'aucune façon; le revenu de l'État pour deux ans, provenant de l'importation des céréales, en sus des autres sept années pour lesquelles le même revenu lui avait déjà été accordé, c'est-à-dire, 120,000 ducats de gratification.

Depuis que le prince Ghika est au pouvoir, c'est-à-dire depuis six ans passés, il a frappé le pays de soixante-trois nouveaux impôts approuvés par son très-humble serviteur le divan *ad hoc*, et il a personnellement coûté au pays la somme énorme de cinquante millions de piastres.

Sorte de Grec du bas-empire, Ghika gouverne par la duplicité; il présente les patriotes roumains comme Français aux Autrichiens, comme Turcs aux Russes et comme Russes aux Turcs. Une femme d'esprit l'a dépeint en ces termes : C'est un homme qui traite ses serments et ses amis comme il a toujours traité ses maîtresses.

A côté des contributions directes et indirectes, par lesquelles Ghika à obéré la Modalvie, pendant six ans, il vient de décréter un autre fisc tout nouveau pour le pays : le timbre. Et cela dans un pays sans procédure, sans juges, sans fonctionnaires responsables, où la faveur et l'argent décident du gain des procès, et jamais la justice.

L'Étoile du Danube, un journal de Jassy, fondé pour demander l'union, fut immédiatement supprimé pour avoir protesté contre l'impôt du timbre. L'opinion publique s'étant émue, Ghika revint sur la mesure, et pour se donner même aux yeux de l'étranger un vernis de libéralisme, il proclama la liberté de la presse ; mais dès le lendemain il suscita tant d'entraves que sous ce nouveau régime de prétendue liberté il fit regretter la censure. En un mot, Ghika comme tous les despotes donna le nom et confisqua la chose.

Tous ces abus décidèrent enfin les Moldaves à adresser à la Porte une protestation énergique (voir page 34). Aussitôt qu'il eut connaissance de ce fait, Ghika envoya à Constantinople un de ses aides de camp, porteur de 10,000 ducats, pour demander la destitution du métropolitain et l'exil de tous les autres signataires.

Malgré la rigueur excessive qu'il déploie, le prince Ghika ne découragera pas le patriotisme des Roumains; nous apprenons que les Moldaves se disposent à envoyer au Congrès de Paris une députation de boyards pour demander l'union des Principautés, l'autonomie et la neutralité.

IX

Telle est la déplorable situation des Principautés ; de ce champ de bataille foulé tour à tour par les Turcs, par les Russes et par les Autrichiens. Les Roumains, qui ont tant fait déjà pour la cause de la civilisation et qui veulent faire encore davantage dans l'avenir, demandent que cet état de choses ait un terme, et que de ces tronçons d'État spoliés par les hospodars et les boyards, tour à tour envahis par des voisins ambitieux et avides, on constitue un État fort, homogène, indépendant; si on veut que les populations de ces deux Principautés roumaines redeviennent un élément de force pour la civilisation contre la tyrannie asiatique, qu'on se persuade bien dans le Congrès de qu'elle importance serait un État roumain fortement constitué sur les bords du Danube, au point de vue de l'intérêt général de l'Europe et de la France en particulier.

La Valachie, La Moldavie et la Bessarabie, cette dernière partie intégrante de la Moldavie incorporée depuis 1812 seulement à la Russie en violation de tous les droits, peuvent former un État fort qui, loin de porter atteinte à la puissance de la Porte, la garantirait en établissant entre elle et la Russie une sérieuse barrière. La grande route qui mène les armées du czar à Constantinople, c'est celle des Principautés danubiennes ; c'est donc là qu'il faut élever la barrière. Le Dniester, qui est un grand fleuve, serait un obstacle naturel et sérieux, si on élevait sur sa rive droite une première ligne de défense. Cette première ligne serait soutenue par une seconde qu'on établirait dans la chaîne de montagnes qui suivent le cours du Dniester jusqu'à la mer Noire. Sans la première, cette seconde ligne n'aurait pas une grande utilité, car il est à peu près impossible de garder des montagnes d'une si petite élevation et que les Roumains possèderaient de moitié avec l'ennemi, tandis qu'un fleuve est une barrière bien plus infranchissable. La Russie est si bien convaincue de cette vérité qu'elle ne veut céder, assure-t-on, que la moitié de la Bessarabie. Si elle était sincère elle rendrait la Bessarabie tout entière, et c'est à cette restitution absolue qu'il faut l'amener. En se réservant une partie de cette province, qui est nulle comme importance territoriale, elle trahit sa pensée secrète; elle se réserve le moyen de marcher à un moment donné sur Constantinople et par conséquent d'envahir les Principautés.

Les droits invoqués par les Roumains des deux Principautés pour légitimer la constitution d'un État indépendant, sont consacrés par leurs traités avec la Porte, comme nous l'avons établi plus haut. La Russie elle-même n'est intervenue à plusieurs reprises soi-disant en faveur des Principautés Moldo-Valaques qu'en invoquant les anciens traités des Roumains et en les mentionnant dans les traités postérieurs survenus entre elle et la Porte. C'est encore en vertu de ces traités que les troupes turques ont été obligées d'évacuer les Principautés après l'occupation qui eut lieu en 1821. Tout ce qui a été accompli en contravention à ces traités, comme l'occupation des forteresses sur la rive gauche du Danube, la nomination des princes, et toute autre immixtion dans les affaires des Principautés n'a été qu'un abus de la part des sultans, abus dont ils ne pourront jamais se prévaloir comme d'un droit.

On ne saurait mieux faire, pour bien fixer l'opinion publique sur la situation politique des deux Principautés roumaines, que de mettre en évidence la différence qui existe, surtout par rapport à la Russie, entre cette situation et celle de la Servie, situation que l'on confond trop souvent soit par intérêt, soit par ignorance des faits.

La Servie, province révoltée de la Turquie a obtenu par l'intervention de la Russie une quasi-indépendance. Les Principautés roumaines, au contraire, n'ont accepté la suzeraineté de la Porte qu'en échange de la garantie donnée par elle de maintenir leur propre souveraineté. En sorte que la Russie, qui a eu la prétention de protéger les Roumains malgré eux, n'a fait que compromettre leurs droits, tandis qu'elle a jusqu'à un certain point créé les droits de la Servie. Voilà pourquoi, indépendamment de l'affinité de race, la Russie est adorée par la masse du peuple servien pendant qu'elle est exécrée parmi les Roumains sans distinction de classe ou d'opinion.

X

La formation d'un Etat roumain indépendant serait aussi justifiée par l'intérêt européen. L'étendue de cet

Etat serait de plus de huit mille lieues carrées, sa population de six millions d'âmes, et il aurait pour frontières la mer Noire, le Dniester, les Krapachs et le Danube. Cet État, si bien délimité, avec la richesse de son sol, les conditions économiques dans lesquelles il se trouve, avec des institutions sages, peut entretenir sur pied une armée de cent mille hommes , avec une réserve de cent mille, et avec des approvionnements pour recevoir sur son territoire une armée alliée de deux cent mille soldats. La constitution de cet État est d'une nécessité absolue si l'on veut que la solution de la question d'Orient ne soit pas éphémère ; il faut, encore une fois, des barrières solides, infranchissables, dressées contre l'ambition moscovite, et les meilleures barrières seront des populations fortes et homogènes; les Roumains pourront alors puissammennt aider à la cause de la civilisation, et ils feront dans l'avenir ce que faisaient leurs ancêtres lorsqu'ils marchaient à l'avant-garde de l'Europe contre les invasions asiatiques.

Si la constitution de cet État roumain doit être d'une grande utilité pour l'Europe, il sera pour la France la plus belle conquête qu'elle aura jamais faite en dehors deson territoire. L'armée de l'État roumain sera l'armée de la France en Orient. Les portes de la mer Noire et du Danube deviendront les entrepôts du commerce français et les chantiers de notre marine. Les produits bruts de ces riches pays alimenteront avantageusement les fabriques de la France, qui trouveront en retour un grand écoulement dans ces mêmes pays. La Roumanie sera pour ainsi dire une colonie française.

Ne perdons pas de vue qu'à défaut d'une métropole les Roumains ont adopté depuis longtemps la France comme leur mère-patrie. La France est la source vive où ils puisent leur vie morale et intellectuelle, et quoiqu'elle n'ait jamais répondu à l'appel de ces peuples, ils n'ont pourtant pas détourné les yeux ni cessé d'espérer en elle.

XI

Les avantages, le droit et la facilité de l'union des Principautés (union prévue même par le règlement organique) sont si évidents, qu'il serait inutile d'en parler si l'Autriche n'était pas là pour y mettre obstacle. La Turquie, si elle est bien inspirée, doit la désirer plus que toute autre puissance, car elle y gagnera plus que personne : elle aura entre elle et la Russie un boulevard au lieu d'un pays ouvert. Les économies qui résulteraient de l'union seraient considérables, et d'une importance véritable pour un pays où l'industrie n'a pas encore prodigué ses richesses. Les capitaux étrangers afflueraient avec plus de sécurité dans un État de six millions d'habitants que dans des provinces tronquées; avec deux Principautés, il y a deux princes, deux ministères, deux assemblées, deux directions des postes, etc., etc. L'union, c'est la concentration du pouvoir, de l'administration, des affaires ; c'est la vraie richesse du pays.

L'union aurait encore d'autres avantages : elle donnerait satisfaction aux vœux ardents des Roumains qui, à tort ou à raison, fondent sur elle de grandes espérances. Devenus citoyens d'un grand Etat, les habitants des Principautés grandiraient à leurs propres yeux, et il ne faut pas oublier que la confiance en soi est la première condition de la force chez un peuple.

D'ailleurs, si l'union n'avait pas lieu, qui défenderait les forteresses qu'on élèvera sur les frontières du côté de la Russie ? Sont-ce les Turcs ? Mais ils n'ont ni assez d'argent, ni assez de troupes pour se défendre eux-mêmes; et puis, laisser les Turcs pénétrer sur le territoire roumain, ne serait-ce pas violer les droits des Principautés? droits garantis par les traités et reconnus par les puissances occidentales. — Agirait-on encore comme ont toujours agi les Russes? Proclamerait-on les droits des Roumains en principe, et les violerait-on de fait? L'occupation de la Moldo-Valachie par les Turcs ferait renaître les anciennes haines. Mais si, comme on l'a dit, la garde des forteresses était confiée aux Autrichiens, ce serait bien pis encore. Les canons pointés contre les Russes se tourneraient bien vite contre les Roumains, et la Moldo-Valachie ne tarderait pas à devenir une autre Lombardie et une autre Vénétie.

Ainsi donc, en résumé, voici ce que demandent les Roumains, et ce qu'il faut se hâter d'accomplir dans l'intérêt bien entendu de l'Europe : réunion des deux Principautés avec la Bessarabie, sous un chef héréditaire, choisi au sein d'une dynastie européenne ; indépendance du royaume nouveau formant une Belgique orientale, sous la protection collective.

Un projet plus vaste a été rêvé par quelques esprits enthousiastes ; il s'agirait, d'après ce projet, de la réunion de tous les Roumains, depuis le Dniester jusqu'à la Theiss, depuis la frontière de la Gallicie jusqu'aux bords du Danube, comprenant par conséquent la Bukovine, la Bessarabie, la Moldavie, la Valachie, la Transylvanie et le Banat de Temeswar. Malgré des déchirements séculaires, tous ces pays ont conservé l'unité de race, l'unité de langue, l'unité de mœurs et de sentiment. Il y a là douze millions de latins répandus sur une terre riche et fertile, qui accepteraient avec orgueil la mission qu'on leur ferait d'opposer une invincible barrière au slavisme du nord. Donc, plus de Valachie, plus de Moldavie, plus de ces fiefs du moyen âge, mais une grande Roumanie, sœur de l'occident et gardienne vigilante de ses frontières. Certes, c'est là un beau et vaste projet, et, c'est sans doute l'idéal des Roumains, mais nous croyons qu'il est toujours dangereux de demander plus qu'on ne peut obtenir. La Valachie, la Moldavie et la Bessarabie réunies et fortement constituées formeraient déjà un sérieux obstacle à l'ambition moscovite, et les jeunes bataillons du nouvel État suffiraient à la tâche que l'Europe leur aurait confiée.

Les Principautés contiennent des hommes capables et éminents, constitutionalistes et non anarchiques, prêts à servir sous un prince librement élu, ou un souverain désigné par l'Europe, et à permettre à l'aristocratie territoriale l'exercice de ses droits et d'une honnête influence. Les immunités qu'un gouvernement composé de tels hommes offriraient aux paysans uniraient toutes les populations

Roumaines des deux Principautés, et stimuleraient le zèle de tous pour la cause de l'indépendance nationale. Les habitants des Principautés sont braves, capables, et assez nombreux pour se défendre contre les empiétements des Russes, comme pendant des siècles ils ont réussi à maintenir leur indépendance et leur autonomie contre les Turcs, dans les plus glorieux jours de conquête de l'Islam. Tout ceci est pleinement démontré par l'histoire du passé et par la connaissance du présent.

Quand de petits États comme les Principautés se montrent indomptables, quand ils ont comme trait caractéristique une insurmontable haine contre l'immixtion étrangère, ils comptent volontiers avec leurs puissants voisins, et ils achètent une indépendance virtuelle au prix d'un tribut et d'une soumission nominale. Cela doit se passer ainsi dans les temps où le droit réside dans la force; mais dans un siècle comme le nôtre, où les États européens sont arrivés à former une communauté dans laquelle dominent le sentiment du droit, et l'influence de l'opinion, le vieux système de suzeraineté et de soumission doit disparaître. Des États comme la Valachie et la Moldavie n'ont plus besoin de la protection de la Turquie pour éloigner les Russes, ni de la Russie pour éloigner les Turcs : la garantie d'un traité spécial européen doit suffire. Quand la Russie et l'Autriche viennent réclamer le droit de protéger les Principautés, elles ne songent qu'à leur accorder la protection du loup. Ce n'est pas contre l'agression étrangère, mais bien contre l'expansion des idées libérales que les cours de Saint-Pétersbourg et de Vienne veulent défendre ces

États. Certes, nous comprenons que les Principautés ne doivent point servir de foyer à la sédition et à la propagande révolutionnaire; mais assurément on peut dresser un cordon sanitaire contre les idées dangereuses, sans exposer un pays tout entier à être perpétuellement dévoré, foulé aux pieds, tantôt par les armées russes, tantôt par les troupes autrichiennes, et sans permettre à des despotes militaires d'étendre leur puissance, leur territoire et leur empire, sous le banal prétexte de maintenir l'ordre et de se sacrifier au maintien des idées conservatrices.

XII

L'Europe a donc une grande réparation a accomplir. En constituant les Principautés en État indépendant, elle consomme du même coup la destruction du servage, l'abolition de la corvée; elle rend à tout un peuple sa liberté, sa dignité et sa propriété individuelle. Telle est la grande révolution qui, une fois achevée, peut assurer, si non pour toujours du moins pour un siècle, le repos de l'Europe orientale et tranquilliser les populations agricoles des Principautés du Danube. Nous savons bien qu'on va nous objecter l'exemple de la Grèce. Regardez ce pays, nous dira-t-on, l'intervention européenne l'a doté de la liberté, mais ses habitants en sont-ils plus heureux et plus tranquilles? L'état de la Grèce est en effet peu satisfaisant, mais quel rapport existe-t-il entre la Grèce et les Principautés. Le sol de la Grèce est nu, aride ; ses paysans sont incapables de s'émanciper par leur industrie de l'influence des chefs montagnards, ou d'échapper à la tentation de devenir guerriers ou brigands ; mais assurez aux Valaques et aux Moldaves la ferme et la jouissance de leurs produits et nous vous garantissons qu'ils ne songeront à se transformer ni en palicares, ni en communistes. La richesse deviendra le but du paysan roumain; sa famille absorbera ses soins et l'industrie prospère détruira chaque germe de discorde et d'agitations politiques.

La paix et la prospérité de ces fertiles pays ne repose pas sur de hautes considérations politiques. Nous pouvons nous livrer à de profondes spéculations sur la meilleure manière de régénérer l'empire Turc, mais pour les Principautés la question est tout entière dans la distribution de la propriété territoriale, dans la sécurité de la culture de la terre et de sa jouissance, sans être soumis à un pouvoir arbitraire, aux taxes injustes aux corvées, aux servage, aux influences des classes, et à tous ces maux tyranniques qui font de la vie un fardeau et de l'homme une de ces plantes grimpantes qui prennent racine dans les crevasses des rochers, et dont la propagation devient plutôt un effort qu'un résultat naturel.

Persévérer dans l'ancien système, c'est-à-dire maintenir les Roumains sous la suzeraineté turque, ce serait les livrer d'avance aux vengeances de la Russie et de l'Autriche, qui pousseraient la Turquie sur une pente vers laquelle elle incline par sa nature même. Quelle efficacité pourrait avoir la protection de la France et de l'Angleterre ? A propos de chaque difficulté survenue entre le suzerain et les tributaires, ces deux puissances enverraient-elles leurs flottes dans la mer Noire ? L'Angleterre et la France seraient donc forcées de laisser faire, et l'on sait que c'est toujours des petites causes et des petits empiétements que naissent les grands conflits.

Avec la suzeraineté de la Porte aucun prince d'une famille régnante ne pourrait accepter le trône de l'Etat roumain. Or, sur quelle force s'appuiera le prince roumain pour gouverner un pays entouré de tant d'ennemis? Il ne peut tirer cette force que de ses alliances avec les grandes familles régnantes, ou, s'il est indigène, de l'approbation de toute la nation, du suffrage universel. Mais on sait bien qu'à part la France et l'Angleterre les autres puissances s'opposeront à une telle élection.

Recommencera-t-on la vieille comédie ? un simulacre d'élection comme celle qui eut lieu en 1843 sous le protectorat russe; fera-t-on élire le prince par quelques familles de boyards, qui par traditions et par incapacité sont toujours prêts à se livrer pieds et poings liés à la puissance la plus forte ? Si un prince était imposé dans ces conditions, on violerait les droits des Roumains, et sous un tel prince non moins faible que les hospodars d'aujourd'hui, comment l'Etat roumain pourrait-il se fortifier ?

La solution de la question des Principautés, qui est en partie celle de la question d'Orient, se résume donc en ceci : Constitution d'un Etat indépendant sous un prince d'une des familles occidentales, ou sous un prince indigène librement élu par la nation. Alors la Roumanie, placée dans les mêmes conditions que les autres Etats européens, prospérera et grandira rapidement, grâce à l'intelligence des populations, à la richesse du territoire et aux ressources de toutes sortes dont la nature a doté le pays (1).

Un certain nombre de personnes ont accusé les Roumains de n'avoir fait depuis le commencement de la

(1) Un ouvrage qui a paru ces jours-ci et qui a pour titre : *Mémoire pour servir à l'histoire de la Roumanie*, par César Bolliac, peint en ces termes l'aspect et la fertilité des Principautés.

« Tous les voyageurs ont vanté les sites et les paysages de la Roumanie. Dans certains endroits, notamment aux environs de Bucharest, le pays rappelle la campagne romaine. Ainsi, vers le nord, l'œil prend plaisir à s'égarer dans de vastes et fertiles plaines au delà desquelles s'élèvent les hautes cimes des Krapachs. Beaux sites, charmants paysages, vallons arrosés par les eaux de la Dâmbovitza, ou par quelques petits ruisseaux qui se jettent dans cette rivière. Pour animer le tableau, un berger sur la colline, un pêcheur sur le bord d'un lac, ou un paysan roumain conduisant son chariot.

» En sortant de Bucharest par la barrière de Mogochoaï, sur le chemin de Cronstadt, le voyageur traverse de superbes jardins à l'européenne et de charmants villages. Plus il s'éloigne, plus les sites deviennent pittoresques. Il est surpris de trouver dans ces montagnes de délicieuses villas magnifiquement meublées, où il reçoit une hospitalité vraiment antique, en l'absence même des maîtres du logis.

» Dans la Moldavie, ce sont de hautes montagnes, des forêts
» immenses de sapins et des pâturages avec leurs châlets et
» leurs scieries; plus bas et successivement des bois et des
» bosquets qui reculent chaque année devant les envahisse-
» ments de la culture; des collines couvertes de moissons jus-
» qu'au sommet; de riches prairies naturelles partout où n'a

guerre aucune démonstration en faveur de leur indépendance. Reproche injuste si l'on connaît l'histoire des Principautés depuis six ans. Après l'étouffement de la révolution de 1848 et la convention de Balta-Liman, les gouvernements des Principautés, plus que jamais composés de créatures russes, se sont empressés d'opérer le désarmement général du peuple. En 1850 on lui enleva jusqu'à ses fusils de chasse. La milice, commandée en grande partie par des chefs dévoués à la Russie, soumise d'ailleurs comme toute armée disciplinée à son

» pas passé la charrue ou la dent des troupeaux; des villages » à moitié voilés par des vergers ou entourés de vignobles; » enfin des nappes ou des courants d'eau embellissant les vallons; tel est l'ensemble pittoresque d'un sol partout fertile, » partout riche en végétation. Aussi les beaux sites ne sont-» ils pas rares. Du sommet d'une élévation, la vue peut embrasser des bois épais couronnant les cimes des collines environnantes; des terrains en pente douce, divisés en compartiments variés de différentes cultures; des prairies vertes » émaillées de fleurs de toutes couleurs, des vallées parsemées de bosquets et arrosées de filets d'eau qui serpentent » et entretiennent d'épaisses pelouses. L'œil d'un Français ou » d'un Allemand serait enchanté à cet aspect, accoutumé » qu'il est à la nudité des champs qui ne sont productifs qu'à » force de travaux et d'engrais; qui ne nourrissent de l'herbe » à moins qu'elle ne soit ensemencée, ni des arbres que l'élagage n'ait façonné aux mesquines exigences d'une population » serrée sur un sol qui s'épuise pour la nourrir. »

» Si la nature est plus âpre et plus grandiose en Suisse, dans la Roumanie elle est plus douce et plus jolie, suivant l'expression d'un voyageur. Les Krapachs y sont moins hauts que les Alpes, mais le Danube y est plus majestueux que le Rhin. Là, rien de ce qui ressemble aux campagnes de Moscovie, où la nature est triste et sauvage; mais des champs couverts de moissons et des bois remplis de fraises, de noisetiers et d'épines vinettes. »

drapeau, divisée en petits détachements sur toute la surface du territoire, pouvait-elle prendre l'initiative ?

Trahi par les gouvernants qui étaient les agents de la Russie (1), abandonné par les Turcs qui même jusqu'à ce jour n'ont pu trouver un seul mot d'encouragement pour lui, le pays, sans aucune communication avec le dehors, ne recevant d'autres nouvelles que celles répan-

(1) Voici quelques passages d'une Adresse au sultan qui prouveront la vérité des faits énoncés :

« Grâce à la magnanime bienveillance avec laquelle la Su-

» Tout récemment encore, par l'organe de votre commissaire impérial, vous daignâtes, Sire, nous donner l'assurance solennelle « que les anciens priviléges et les immunités du » pays sont et seront à jamais maintenus, et que l'honneur et » la gloire de Votre Majesté Impériale sont fortement intéressés » à leur conservation. »

» Au nombre des priviléges et des immunités de notre pays, le plus essentiel est celui qui confère à la nation le droit de procéder, dans ses intérêts intérieurs, par ses représentants, qui furent de tout temps et sont encore aujourd'hui le haut clergé et les propriétaires fonciers, privilége aussi ancien que notre pays, qui fut toujours respecté, et qui aujourd'hui seulement est violé par le divan *ad hoc.*

» Ce divan, dont la composition en Moldavie n'est pas telle que l'avait prévue la convention de Balta-Liman, en y appelant le clergé et les hauts dignitaires, ne comprend tout au contraire que quelques employés de l'administration, qui, en leur qualité de membres du conseil administratif, projettent des lois, et ensuite comme membres du divan *ad hoc*, approuvent ce qu'ils ont projeté ; or, tandis que ce divan n'a d'autre attribution que celle d'épurer les compt s du trésor et de dresser les budgets annuels, il s'est depuis un certain temps arrogé le pouvoir de procéder dans les affaires générales du pays en se substituant à la nation ; il a créé de nouvelles corvées et des impositions interdites par la loi organique ; il est même allé jusqu'à rétablir quelques-unes de celles que le règlement abolit à jamais ; il a entraîné le trésor à toutes sortes

dues par les Russes, ignorant les intentions de la France et de l'Angleterre, qu'on lui représentait comme indifférentes, sachant d'ailleurs que l'entrée des Russes avait été déclarée comme ne présentant pas un *casus belli*, le le pays roumain, disons-nous, ne pouvait que courber la tête. Cependant telle était la force du sentiment national, que dans ces Principautés désarmées des mani-

de dépenses inutiles ; il adhère à des emprunts considérables à la charge du pays ; il attente à ces lois qui renferment la garantie des trois grandes conditions de la société : l'honneur, la fortune et la vie ; il brise une à une toutes nos institutions qui s'appuient sur le règlement; c'est ainsi que ce divan a placé le trésor sous le poids d'un déficit énorme, a accumulé des charges onéreuses sur toutes les classes des habitants, et a semé l'épouvante au sein de la société par des dispositions qui la menacent dans les trois conditions nécessaires de son existence, et surtout dans le droit de propriété consacré par les lois fondamentales du pays. Pour tout dire, à côté de ses autres souffrances, la Moldavie se trouve aussi grevée de dettes sans nécessité indispensable et sans avoir progressé d'un seul pas dans le domaine des améliorations publiques au delà de celles qui existaient déjà avant que le divan *ad hoc* se fût substitué à la nation, et lorsque les revenus du pays étaient bien plus restreints qu'ils ne le sont actuellement.

» Sire, la situation est grave ; comme organes du pays, nous serions coupables tant envers lui qu'envers nos descendants et envers la personne sacrée de Votre Majesté Impériale elle-même, si nous gardions plus longtemps le silence, et puisque nous ne sommes pas écoutés ici, nous nous trouvons dans la nécessité de recourir à la haute bienveillance de Votre Majesté Impériale, en la suppliant humblement de daigner défendre au divan *ad hoc* l'usurpation d'un caractère qui ne lui appartient pas, annuler tous les actes qu'il a faits en dehors de sa compétence, et ordonner que le pays et ses intérêts soient régis par les lois qui y existaient avant la création de ce divan jusqu'au moment où s'accomplira la réforme qui nous a été promise. »

festations ont éclaté, avant même la déclaration de la guerre, à Bucharest et à Jassy. Les régiments en garnison dans les deux capitales, sollicités par leurs chefs de marcher avec les Russes, s'y refusèrent obstinément. C'est alors que le gouvernement russe, désespérant d'entraîner un seul bataillon moldave ou valaque sous son drapeau, enleva jusqu'aux haches des paysans, mit Bucharest en état de siége et exila en Russie tous ceux qui lui portaient ombrage. Ces malheureux sont encore en exil. Cependant, aussitôt que les Turcs sont rentrés à Kalafat, cinq cents gardes-frontières se soulèvent et se présentent au camp des Turcs. Ceux-ci, pour reconnaître un pareil dévouement, désarment le bataillon patriote, et, chose impossible à croire, l'obligent à retourner dans son pays occupé par les baïonnettes russes.

Les Roumains qui résidaient à l'étranger demandèrent immédiatement, au nom de leur pays, à tous les gouvernements l'autorisation de prendre une part active à la guerre. Ils s'adressèrent également à tous les ambassadeurs à Constantinople et aux chefs des armées, au général Baraguay-d'Illiers, au maréchal Saint-Arnauld, à Reschid-Pacha. « Des armes, l'union des Principautés et la reconnaissance immédiate de nos capitulations, disaient les Roumains au prince Napoléon dans un mémoire qui lui fut présenté à Constantinople, voilà, Altesse, ce que les Roumains ont demandé à la Sublime-Porte depuis un an, et ce qu'ils demandent aujourd'hui à la France. Leur demande doit être accordée, non-seulement parce que c'est leur droit, mais aussi pour ne point montrer à nos voisins les Serviens et les Bulgares, que la nation en Orient qui a le plus de droits, la seule qui souffre le martyre pour la Turquie, n'a rien obtenu parce qu'elle est la seule qui eût repoussé le protectorat russe. D'ailleurs, pour quelle raison voudrait-on enlever à une nation la juste, la sainte satisfaction de purifier par son sang le sol souillé par l'ennemi ? L'armée française est puissante, nous le savons, et nous saluons son arrivée comme l'aurore de notre liberté ! Mais pourquoi la priver du secours puissant que peuvent lui procurer cinq millions de Roumains qui brûlent d'impatience de combattre avec leurs frères d'Occident pour la liberté de leur patrie ? »

Ils firent suivre leurs mémoires et leurs lettres de pièces à l'appui, prouvèrent qu'ils avaient le droit de combattre et donnèrent le chiffre du contingent d'hommes exercés que la Moldo-Valachie pouvait fournir immédiatement.

Cependant ils ne furent pas écoutés, et on se décida à faire garder les Principautés par les troupes autrichiennes, tandis que la Servie, dont on connaît la sympathie pour la sainte Russie, ne subit aucune invasion.

On nous objectera, il est vrai, que ces demandes n'ont pas été faites par le pays tout entier, mais par des hommes la plupart exilés, et l'on sait que les exilés de tous les pays ne sont pas en odeur de sainteté auprès des gouvernements.

Nous demanderons à notre tour quels furent les proscripteurs des patriotes roumains ? (La Porte a accordé des subsides à tous ceux qui ont voulu se rendre en Turquie.) Nous demanderons quel fut leur crime ? Il est notoire que la révolution de 1848 dans les Principautés n'a rien demandé de plus que l'abolition du protectorat, le droit d'autonomie, et un prince puisant sa force dans le suffrage universel, comme cela se pratiquait autrefois dans le pays.

D'ailleurs, ne sait-on pas que les patriotes roumains proscrits par la Russie ont le droit de parler au nom de la Roumanie? N'ont-ils pas été élus par la nation entière, et par trois fois en trois mois, en présence de l'armée turque et des consuls des puissances occidentales? Quant au peuple moldo-valaque, comment aurait-il pu faire une manifestation? lorsque, d'un côté, il était tenu désarmé sous les baïonnettes étrangères; lorsque, d'une autre part, après l'entrée des Turcs, il voyait ses chefs en exil, et ceux qui l'avaient vendu au pouvoir; lorsque les Turcs publiaient une proclamation par laquelle il était dit que « toute manifestation serait considérée comme une sédition ; » lorsqu'on enlevait même aux Moldo-Valaques le droit de pétitionner; lorsqu'enfin arrivait avec armes et bagages l'armée autrichienne, traînant dans ses fourgons les mêmes princes nommés en 1849 par la Russie.

Et puis, se soulever, faire une manifestation quelconque, n'était-ce pas aller directement contre la volonté de la France et de l'Angleterre? Et pourtant, malgré tous les dangers, les Roumains n'ont laissé échapper aucune occasion de proclamer leurs désirs les plus chers : à Bucharest, une manifestation éclatait, en dépit de la volonté du gouvernement, à la prise de Sébastopol; les paysans de la Valachie portaient en triomphe l'intendant français qui le premier pénétrait dans ce pays.

A Jassy, on ouvrait ouvertement une souscription pour les blessés de Crimée. La demande officielle de se faire représenter aux Conférences de Vienne, adressée au sultan par les Moldo-Valaques, les protestations envoyées aux ambassadeurs des puissances occidentales, à Constantinople, ne sont-elles pas des preuves assez évidentes, assez irrécusables, des vœux des populations roumaines pour l'union des Principautés et pour la constitution d'un État indépendant.

P. S. Au moment où nous terminions les lignes qui précèdent, une correspondance d'Orient annonçait que des résolutions importantes avaient été prises à Constantinople, au sujet des Principautés. Il est question d'installer provisoirement au lieu et place des hospodars une *caïmacamie* (lieutenance) dont les titulaires seront choisis d'accord par la Porte et les puissances occidentales. Le caïmacan de chacune des deux provinces choisirait, de concert avec les agents des puissances, douze Valaques et douze Moldaves, lesquels, formés en commission, se rendraient à Constantinople (?) pour y travailler sous les yeux du gouvernement Ottoman et y élaborer une constitution nouvelle.

Dans le cas où ce projet recevrait son exécution, le prince serait encore l'émanation d'une assemblée chimérique, car cette assemblée, composée uniquement de boyards, ne peut présenter pour candidats que les hommes favorables à l'ancien état de choses. Que pourrait-il résulter d'ailleurs d'une pareille résolution. Le prince nommé dans de telles conditions aurait-il une plus grande force que les hospodars d'aujourd'hui ? On violerait donc une fois de plus les droits des Roumains, officiellement reconnus, et il n'y aurait rien de changé dans le sort des Principautés.

Le règlement organique existant n'a-t-il pas été créé dans les mêmes conditions?

Nous le répétons en terminant : si les puissances occidentales veulent rester fidèles à la pensée qui à déterminé la guerre, si elles veulent conclure une paix solide, si elles veulent en même temps donner satisfaction aux vœux des Roumains, elles doivent repousser toute demi mesure ; une solution comme celle dont parle la correspondance serait un mensonge, rien de plus. La vraie solution, la seule qui soit réellement politique est celle-ci : union des Principautés et constitution d'un État indépendant sous le patronage des puissances occidentales avec un prince indigène, librement élu par le pays, ou un souverain appartenant à une des familles régnantes de l'Europe. Tout ce qui sera fait en dehors de cette solution profitera à la Russie ou à l'Autriche.

www.ingramcontent.com/pod-product-compliance
Lightning Source LLC
LaVergne TN
LVHW020250230826
846091LV00006B/2329